¡Saludos, camiones cisterna!

LOS CAMIONES CISTERNA

KATE RIGGS

CREATIVE EDUCATION | CREATIVE PAPERBACKS

¿DE QUÉ OTRA FORMA SE PODRÍAN TRANSPORTAR LÍQUIDOS DE UN LUGAR A OTRO?

Índice

Publicado por Creative Education y Creative Paperbacks
P.O. Box 227, Mankato, Minnesota 56002
Creative Education y Creative Paperbacks
son sellos editoriales de The Creative Company
www.thecreativecompany.us

Diseño de Graham Morgan
Dirección artística de Blue Design (www.bluedes.com)

Imágenes de Alamy/FLPA, 17; Dreamstime/Bruder, portada (derecha), Christian Lagerek, 18-19, Taina Sohlman, 1, 14-15; Getty Images/ivanastar, 4, Keith Wood, 2, MarioGuti, 8-9, Lalocracio, 3, 20-21, ryasick, 10-11; Shutterstock/geoffrey wiggins, 13, Rob Wilson, 24, TFoxFoto, 16, 23; Unsplash/ALE SAT, 6-7; Wikimedia Commons/Acabashi, portada (izquierda), SSGT Quinton T. Burris, U.S. Air Force, portada (centro)

Library of Congress Cataloging-in-Publication Data
Names: Riggs, Kate, author.
Title: Los camiones cisterna / by Kate Riggs.
Other titles: Tanker trucks. Spanish
Description: Mankato, Minnesota : Creative Education and Creative Paperbacks, [2025] | Series: Maravillas | Includes index. | Audience: Ages 4-7 | Audience: Grades K-1 | Summary: "An engine-revving introduction to tanker trucks, this transportation book for beginning readers features eye-catching photographs, humorous captions, and basic facts about the liquid-hauling vehicles. This Spanish text includes a labeled vehicle guide, glossary, and index"-- Provided by publisher.
Identifiers: LCCN 2024021866 (print) | LCCN 2024021867 (ebook) | ISBN 9798889895299 (library binding) | ISBN 9781682777282 (paperback) | ISBN 9798889895350 (ebook)
Subjects: LCSH: Tank trucks--Juvenile literature. | CYAC: Tank trucks. | LCGFT: Instructional and educational works.
Classification: LCC TL230.15 .R5418 2025 (print) | LCC TL230.15 (ebook) | DDC 629.224--dc23/eng/20240611
LC record available at https://lccn.loc.gov/2024021866
LC ebook record available at https://lccn.loc.gov/2024021867

Impreso en China

Los camiones cisterna largos transportan muchos **líquidos**. Algunos transportan gasolina para vehículos. Otros transportan leche.

¡LLÉNALO!

Un camión cisterna tiene forma de tubo. La cisterna es de metal resistente. A veces es **aislado**.

La mayoría de las ruedas están debajo de la cisterna.

Un grupo de ruedas está bajo la cabina.

EL LÍQUIDO ES PESADO. CUANTAS MÁS LLANTAS, MEJOR.

La cabina está elevada sobre el suelo. Un conductor se sienta detrás del volante.

¡SUBE, ESTAMOS HACIENDO ENTREGAS!

LOS CAMIONES CISTERNA DEBEN TENER CUIDADO EN LAS CARRETERAS HELADAS.

Las cisternas más grandes forman parte de semirremolques. La cisterna va sobre un remolque. Éste se engancha a la cabeza tractora.

Los camiones cisterna llevan combustible a los aviones. Se llevan la leche de las granjas lecheras. Las cargas son pesadas.

J.H. WILLIS LTD
FRESH MILK
MAN
J. H. WILLIS
LTD
GRESFORD. WREXHAM
Phone
01978 852220
TGS 24.440
RW59 JHW

¡CUIDADO, ESTOY LLENO DE LÍQUIDO!
¡Adiós, camiones cisterna!

[Imagina un camión cisterna]

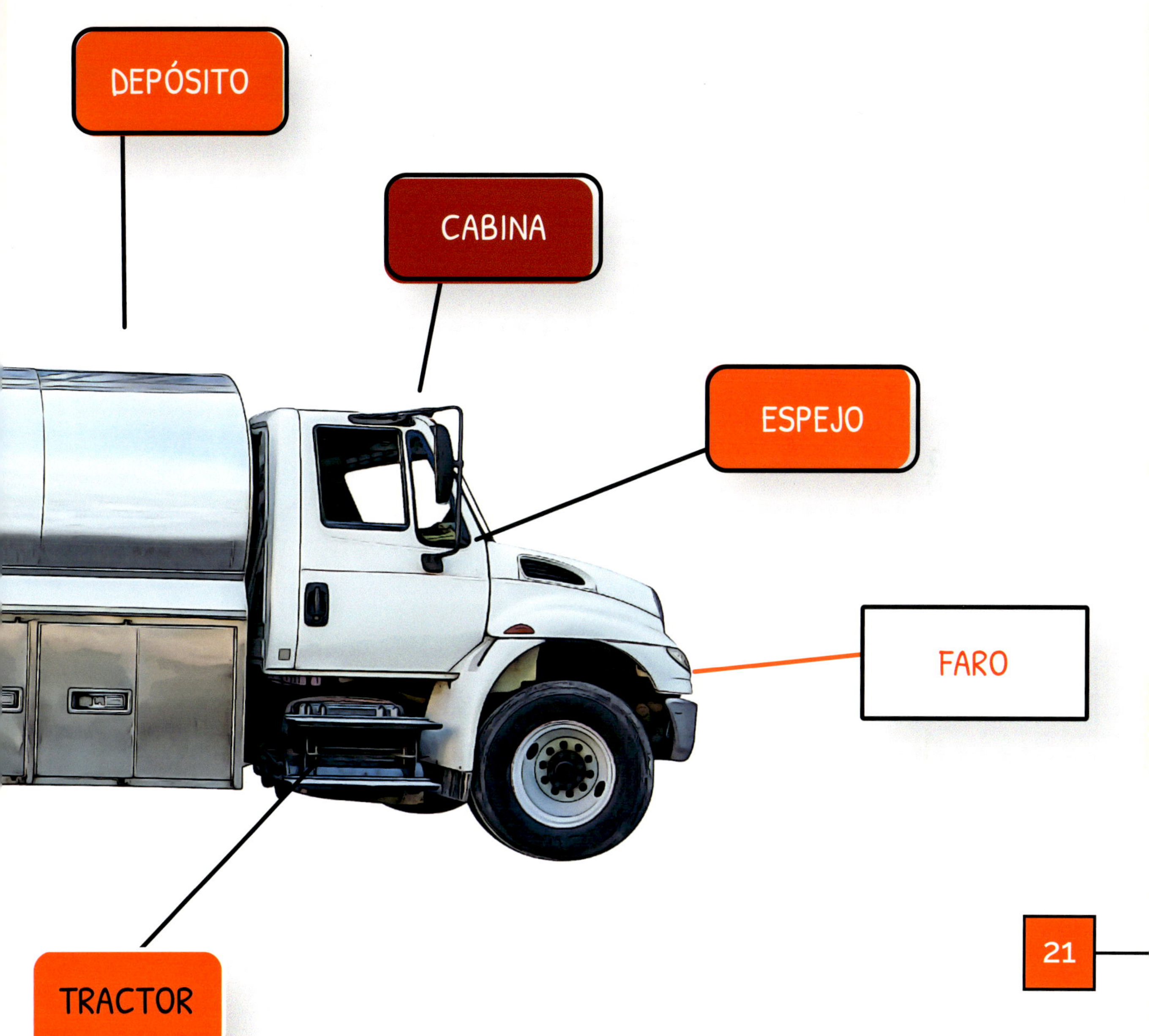
DEPÓSITO
CABINA
ESPEJO
FARO
TRACTOR

PALABRAS QUE DEBES CONOCER

aislado: protegido contra la pérdida de calor o el enfriamiento excesivo

cabeza tractora: camión corto formado por una cabina donde se sienta el conductor

cabina: la parte delantera de un camión cisterna pequeño

líquido: material que fluye y adopta la forma de su recipiente

ÍNDICE